AF599756

Rosas de lija con miel y música

BEN ZAHRA

Aliar ediciones

Corrección: Julia Salas
Diseño de cubierta: Aliar Ediciones
Maquetación: Aliar Ediciones

Depósito Legal: GR 136-2024
ISBN: 978-84-10155-42-8

Impreso en España

Edita
ALIAR Ediciones
www.aliarediciones.es
info@aliarediciones.es

Gracias a todas las amigas y los amigos
que han estado ahí desde el primer verso hasta el último poema.
Gracias por creer en mí y hacer de mí un poeta.
Un saludo y muchas gracias.

Rosas de lija con miel y música

BEN ZAHRA

Diario de un justiciero

Voy recogiendo los pedazos
de las canciones abandonadas
en el suelo de las calles.

Las recojo con esmero,
las recompongo,
les doy un beso
y las dejo descansar
debajo de los árboles
para que no las vuelvan a pisar.

Esta mañana la niebla
se ha quedado dormida,
ha faltado la tercera
clase de acordeón.

Ya la castigaré cuando
yo crezca y sea gigante
para poder talar
todos los rascacielos
donde suele descansar.

No puedo permitir
que me vacíen los bolsillos
de mis ilusiones y mis sueños.

No puedo permitir
que se burlen así de la música.

Casablanca casa negra

Casablanca, esa mujer
con un vestido
que nunca se arruga.

La mujer que rechazó las dotes
de todos los novios
llegados del norte.

Hermosa como su fiel
amante el Atlántico.

Casablanca la casa negra.

Ese corazón cansado de latir.
Esas ojeras que te cuentan
cuentos para no dormir.

Esos ojos que renuevan su lealtad
a todas las noches de la noche.

Mi corazón está colgado
del último hilo rebelde de tu vestido.

Créeme, aunque estoy con otra,
te quiero más que a mis corneas.

Juré no abandonarte,
pero secuestraron
todas las mariposas,
acusaron a todas las palomas
de conspirar contra el viento,
y envenenaron las escarchas
de todas las albas.

Juré no abandonarte,
pero robaron los sueños
de todos los pájaros.

Casablanca *mon amour.*

Siento no haberme despedido de ti,
porque pensaba volver.

Siento no haber pisado
nunca tu mezquita,
esa prima lejana
de las pirámides de Egipto.

La de los ladrillos de calaveras
que adornan tu pecho.

Casablanca *mon amour.*

Los amores a distancia
tienen un nombre
y se llama «Casablanca»
pero ellos la pintaron de negro.

Algún día volveré
Pero cuando recobres tu color.

Los muñecos de la ciudad

Dedicado a los niños del pegamento de Marruecos.

Miramos a la ciudad
desde el único y diminutivo agujero
que nos permiten sus dueños.

La vemos muy bonita
con su túnica de seda
y su corona de azahar.
Ella nos hace un guiño
y nos sonríe.

Nosotros le devolvemos
el guiño y la sonrisa
desde aquí, donde todo es negro
y donde las velas duran poco.
Nuestro idilio lo interrumpe
una voz que nos grita diciendo.

«No os queremos en esta ciudad,
sois unos muñecos
que no cabéis en ninguna maleta.
Sois unos juguetes
que no os queremos en ninguna
guarderías de la ciudad»
«dejad esa maldita bolsa que os va matar».

La bolsa es nuestro único juguete
y nos la quieren quitar.
¿Acaso somos vivos?

La muerte nos visita,
siempre tan dulce y tan bella
y se deja acariciar.

Y antes de irse, siempre nos promete
que volvería en cuanto creciéramos.
porque no nos puede llevar a todos,
ella siempre se lleva a uno de nosotros
y nos quedamos con la incertidumbre
esperando cuándo y quién será el próximo.
Mientras la ciudad celebra,
con fuegos artificiales,
el gol de Hakimi en el mundial de Qatar.
La alegría inunda la ciudad,
mientras nuestra vela
se apaga lentamente
y le da la bienvenida a la oscuridad.
«Buenas noches».

Ofrendas a las diosas de las esquinas

Dedicado a las princesas
de la calle Manotera de Madrid.

Hortensias del desierto
replantadas en el asfalto
que adornan las esquinas de Madrid.

«Yo antes fui princesa»
dicen algunas.
«Yo, princesa quiero ser»
dicen otras.

Las quiero a todas.

No les digas que Drácula no existe.
ni que Nadia Comaneci es italiana.
Ni se te ocurra.
Se ofenden y te pueden
denuncian por calumnias.

Madrugadoras que no madrugan
y vividoras que no viven.

Palomas de Chejov
y amantes de los cosacos
que recitan los versos

de Bukowsky saltando
el muro de Berlín.

Negros son sus ojos
y sus pieles, gacelas
que seducen al depredador
y lo abrazan hasta morir.

Elegantes como rosas y
buganvillas expulsadas del edén

Unas redactaron el discurso
de Boabdil, y otras le dieron
plantón a Saladino
en la puerta de Jerusalén.

Las quiero a todas.

Diosas mayas
emperatrices aztecas
que rechazan las tortas de maíz
y adoran al Mc Donalds
de la Gran Vía.

La luna les trae el desayuno
en la misma esquina
antes de ir a dormir
o a morir y viceversa.

Los actores «secundarios»

Dedicado a los actores extranjeros en España,
y especialmente los marroquíes.

Pueden ser: un sicario
con pistolas de agua.

Terrorista que cree
en el hombre del saco.
Traficante de drogas
según una guionista.

Puede ser un machista,
porque activista feminista
no se lo cree nadie
según una directora de casting.

Comerciante de diamantes
con un Rolex *made in China.*

Dueño de un kebab
por tres días.

Un señor de la guerra
con una camiseta de J&B.

Inmigrante «ilegal»
con pasaporte de color rojo.
Pero nunca serán:

Un empleado en una sucursal
de un banco en Lavapiés.

Un cardiólogo en el Princesa.
Un comisario en el Reina Sofía.

Un jefe de policía en Carabanchel.
Un jeque dueño del Almería.

Nunca lo será
porque el público
no está acostumbrado
a verlo ni como socorrista
en una piscina desmontable.

Ni como un croupier en el Monopoly.
Ni como un agente
de seguridad en una guardería
ni un espía en
un documental sobre
las tortugas del Lago Ness.

Porque el público
no lo creerá y eso no vende
según el productor
ni que fueran graduados
del Actors Studio.

El interrogatorio

Cuando no puedes
bajar con los ojos cerrados
por las escaleras del hogar
donde naciste,
ya no eres de a allí.

Y tampoco eres de aquí.
¿De dónde eres, entonces?
¿Eh…?

¿Cuántos cuentos les has
contado a tus sobrinos?
Ninguno, nunca los vi crecer.

¿Sabes que el pelo de tu madre
ya no es tan largo y negro?
Sí, la he visto por una video-llamada.

¿Viste cómo talaban
las tres filas de los arboles
de tu bulevar para
poner el Tranvía?
No ¿los han talado?

¿Conoces la tumba de tu padre?
No, murió cuando yo llegué aquí.
¿Piensas volver algún día a Ítaca?
¿Qué es Ítaca?

Miente el inmigrante
que dice que es feliz
aunque posea todo
el oro de las cuevas
del Rey Salomón.

El observador

Él está sentado en una terraza
observando a los clientes
de la cafetería de enfrente.

Está a una distancia
de seguridad que lo protege
de cualquier peligro.

Mira el reloj,
faltan quince minutos
para las cuatro de la tarde.

Él sigue observando
como si estuviera
en la cuarta fila de un teatro.

Entra una mujer con una chaqueta roja.
Entra un subsahariano
que vende pulseras artesanales,
no vende nada y sale.
¡Qué suerte ha tenido!

Sale una pareja de jóvenes:
discuten en la puerta del bar,
luego cogen caminos diferentes.
¡Qué suerte es la suya!

Salen dos chicas sonriendo.
Otras afortunadas.

Entra una mujer con velo
con su hija menor con una muñeca.
¡Pobres criaturas!

Faltan cinco minutos
para las cuatro.
Sale una pareja,
la chica mira en el bolso
le falta algo, vuelve a entrar.
¿Por qué vuelves?

Faltan treinta segundos para las cuatro.
La chica no sale.
Se hace muy largo el tiempo.
Ya está, son las cuatro.
¡ALLAH AKBAR!

La vampiresa

Arrancó las flores de tu juventud
y aspira a quitarte lo que queda.

Te veo envejecer
con las lágrimas
mojando solares.

Esquivo tu mirada
para que no descubras
que mi sonrisa
es sólo un dibujo
hecho con tinta permanente.

Te estoy perdiendo
como la arena que se escapa
del puño de un niño
que juega en la playa.

Más de cuarenta rondas
encajando sus puñetazos,
ni Mohamed Ali hubiera
aguantado tanto.

Y tú, como el caballo de Atila
que no se cansa de trotar,
arrastrando batallas,
todas ganadas
y las que quedan para contar.

Esa vampiresa dama malvada
que, sin piedad,
saborea las últimas gotas
de sangre que circula
por tus venas.

Seguiré a tu lado mientras respiro.
Mientras el amor lo cura todo.

A mi hermano Abdelilah eternamente
enfermo de esquizofrenia.
Goliat el invencible

Te persigue e insiste
adelantando a tu sombra.

A veces se despide para no volver,
pero reaparece repartiendo
flores de papel de lija
y champán de alquitrán.

Es tan terco, tan prepotente,
Y tan poderoso.

Es un Goliat invencible.
Es un músico mediocre
con partituras compuestas por el diablo.

Es un payaso repugnante.
¡Maldito farsante!

Se apodera de ti,
te seduce y te cautiva
como un vampiro
que no le teme al sol.

¿Quién te envía?
Le preguntas.
Pero él te contesta
con un beso en la frente
y una sonrisa que acaba
de sacar de un frasco de
pastillas para no amar.

Nunca se cansa.
Nunca negocia con débiles
Nunca deja rehenes, nunca.

Así es Goliat el desalmado.
¡Maldito dolor!

Dedicado a todas las personas que sufren algún dolor crónico.

Estocolmo de Lavapiés

Y cuando nos dieron las cuatro
«Ya nos veremos por aquí».
Me dijo la cabrona,
me dio un beso en la mejilla
y antes de ofrecerle la otra se largó.

Y yo que durante tres horas
me creía George Cloony,
pero acabé de rodillas
y las manos en alto como
Willem Dafoe en Platoon.

Digerí la derrota como un león
que se le escapa la gacela
en un simple esquivo.

Esta noche,
lo único que quería conquistar
era mi cama que se encontraba
en la cima de una colina
de la calle Lavapiés.

Y al llegar al portal,
allí estaba ella,
una rubia saboreando los últimos
sorbos de la noche.

Estaba con tres acompañantes
que me hubiera gustado
eliminarlos si supiera
manejar el Photoshop.

Jamás tuve una portera nocturna.

La miré por detrás
mientras deseaba
que su cara fuera
el espejo de lo que contemplaba.

Su pelo, una cascada de oro
que desaparecía en su cintura.
Sus curvas eran primas
de las que mataron a Ayrton Senna
en el circuito de Mónaco.

Llevaba minifalda
y yo quise hacerme el loco.

Le daba unas caladas
a un cigarrillo a lo Audry Hepburn,
y yo quise desayunar
con ese diamante.

Esa noche hubiera
dado lo que fuera
por convertirme
en un cigarrillo de liar
eternamente pegado
a sus labios
de cabello de ángel.

Yo iba sin tabaco
y ella sí que tenía de sobra
para lo que quedaba de la noche.
¿Me invitas a un cigarrillo?
Le pregunté.
«Claro, sírvete uno o más».
Con una sonrisa y una mirada
lasciva me contestó.

Uno de sus acompañantes,
una especie de Bukowski
en miniatura me ametrallaba
con preguntas que yo
ya había contestado en otros
interrogatorios improvisados.

¿De dónde eres, eres musulmán,
haces el ramadán?
Mientras tanto
yo le hacía un chequeo
general a mi portera nocturna,
y mi única religión
era su cuerpo que aquella
noche quería adorar.

«El chico quiere ir a dormir
y tú con las preguntitas».
Le recriminó a mi interrogador.

«No te preocupes,
si me he quedado
era por tus ojos».

Me arriesgué con esta cursilada,
pero ella estaba
dispuesta a que yo le recitara
poemas de Paquirrín.

«¿Te gustan mis ojos?»
Me preguntó.
¿Sí, y me gusta sufrir también?
Le contesté.
«Tranquilo que me los tapo y te ahorro
el martirio, pobre de mí».

«Pues, tápatelos, por favor»
le pedí.

Ella cerró los ojos y
yo me acerqué a ella
como un gato sobre
un zinc helado
con ánimo resbalar.
Me agarré a sus labios,
caí en la trampa,
me atrapó unos segundos
hasta que pedí el indulto
y me lo concedió.

Y cuando abrimos los ojos
le pregunté: ¿Qué tal?
«muy bien»
Me contestó.

¿Te gustan mis ojos?
Le pregunté.
Sí, me contestó.
¿Y si me los tapo?
Le pregunté.
Tápatelos y ahórrame el delirio.
Me dijo.
Lo haré, pero no me indultes.

Me los tapé, pero su venganza
fue dulcemente terrible.
Y cuando abrimos los ojos le pregunté:

Vivo en el primero,
¿subes o eres de esas
que se despiden
con un «ya nos veremos
y beso en la mejilla?»

¿Me vas a secuestrar?
Me preguntó.
Sí, y no pediré rescate.
Le contesté.
Es una oferta que no puedo
rechazar, me apunto.
Replicó.

«Adiós, si no vuelvo mañana,
decidle a mi madre
que estoy en Stocolmo de Lavapiés».
Le dijo a sus acompañantes
mientras me cogía del brazo
y yo abriendo el portal...

Una trotamundos por Madrid

Ella pedía una noche en Madrid,
y yo le ofrecí la eternidad.

Ella pedía una noche en Madrid,
y yo le di todas
las llaves de la ciudad.
Era imposible negarle algo a esa criatura.
La desnudaba en mis pensamientos
mientras le hablaba del frío
que azotaba Madrid en diciembre.

En este instante
sólo escuchaba una voz diciendo:
¿Y qué hago ahora contigo?
Mientras yo buscaba dónde aterrizar.

¿A dónde me llevas?
Me preguntó sin importarle el lugar.
La cogí de la mano y caminamos
sin dejar de mirarnos.

Yo no era el sultán
Drácula de Casablanca,
pero ella deseaba que lo fuera,

inclinando su cuello
hacia mis colmillos.
Era todo un espectáculo
para los ojos y los sentidos.

Besarla en cada esquina
lo pediría cualquiera
como última voluntad
en el corredor de la muerte.

Y yo la besaba en cada losa
de la calle Atocha.
«Mi casa es más fría
que el corazón del domador
de leones del último circo
que despedimos en Madrid.
La avisé.

«Igual necesitaremos un ventilador».
Me replicó.

Su pelo era una jungla
negra frondosa, donde,
si entras desapareces.
Y si consigues salir
acabas de nacer.

Sus labios parecía que habían
ganado un premio en
una exposición de mantequilla salada.
Los saboreaba como el último sorbo
de un té moruno tuareg.

Y así hacía con todas
las esquinas de su cuerpo.

Carolina la colombiana.
Era más dulce que
un café en el lejano Cairo.
más sabrosa que el sol de abril.

Las citas a ciegas,
si no tienen nombre,
deberían llamarse Carolina.

Nuestras manzanas podridas

Chica:
¿Y esas manzanas?
Chico:
Las acabo de sacar del frigorífico,
llevaban tiempo allí.
Me voy a comer una,
y la otra la tiraré a la basura.
Chica:
¿Por qué tiras sólo una manzana si las dos están podridas?
Chico:
La primera está podrida por fuera
y le he quitado la zona afectada.
Chica:
¿Y la segunda?
Chico:
La segunda manzana
está podrida por dentro
y no tiene remedio,
la voy a tirar a la basura
porque no tiene nada que salvar.
Chica:
Fíjate, exactamente es lo que hago con las personas.

El espejo del payaso

Nunca ha conseguido desmaquillarse,
lleva la sonrisa pintada
con una tinta imborrable,
no había leído la letra
pequeña de las instrucciones.

Sus zapatos de payaso
están pegados a sus pies,
nunca consiguió quitárselos,
tampoco leo la letra
pequeña antes de ponérselos.

Su corazón es un puzle
pegado con pegamento
para materias hechas
de porcelana.

Su espejo mira a otro lado,
es retrovisor camuflado
que nunca le ha gustado su sonrisa,
es el único que conoce sus secretos.

En su pecho lleva milagros,
todos los cuentos de su abuela,
todos los sueños
de los niños de su barrio y
las banderas blancas
que nunca se exhibieron.

Pero lo conocen como
«el hombre de la sonrisa eterna».

Sonrisas que nunca tendrán

Sonrisas que nunca tendréis:
Sonrisas con fecha de caducidad
que duran menos que el humo
de una calada de un cigarrillo
de un anciano en una residencia
fumando a escondidas de Ayuso.

Sonrisas que van a la guerra
para luchar por la paz
sonrisas que esquivan balas
en las orillas de Ceuta y Melilla.

Sonrisas más auténticas
que los bolsos
de Gucci en el top manta
de la Puerta del Sol.

Sonrisas de recepcionistas
de crematorios.
Sonrisas que anunciaron
los ERES de Andalucía.

Sonrisas de dictadores en un museo de cera.

Son las sonrisas que nunca
verán los que no tienen
código pin de mi corazón.

Son las sonrisas que nunca tendrán.

Un consejo

Hijo mío,
no te fíes del ser humano;
cuando un hombre se agacha,
es para coger
una piedra y tirártela.
Le aconsejó el cuervo sabio a su hijo.
¿Y qué hago, padre, si la lleva encima?
Le preguntó el pequeño cuervo
a su sabio padre.

Flores de loto

Tiré semillas al asfalto
le sonreí a un semáforo en rojo
Pedí limosna en la puerta
de un penitenciario
Crie cuervos
sin gafas de soldadura
Esperé a Godot más
que Estragón y Pozzo.

Le extendí un cheque
en blanco a Cupido
besé a todas las posibles
ranas de las ciénagas.

Pero jamás permitiré
que beses mis cicatrices,
ni limpiar mis heridas,
porque las envenenas
y tu pañuelo es de lija.

La bienvenida

Dejamos todos nuestros
sueños enterrados en
el fondo del Mediterránco.

El desierto nos llevó al mar
a cambio de tres almas como
una especie de trueque
durante nuestra travesía.

Sonriendo nos entregó
prometiéndonos bonitas olas
y una hermosa sirena
para cada uno de nosotros.

Prendimos un viaje en un ataúd
dorado sin luz ni té moruno.

Mis compañeros y yo
nos tapamos los oídos
con cera para no escuchar
el cante de las olas
que nos seducían
abriendo los brazos

dándonos los besos
de la bienvenida y la despedida.

Las sirenas nos estaban
viendo de reojo
enseñándonos la orilla
donde no crecen las flores.

Donde las gaviotas
se secuestran para que
no sean testigos
de nuestra llegada.

Nosotros ya no teníamos miedo
porque ya estábamos muertos
desde que perdimos
el sabor del pan de nuestras madres
los abrazos de nuestros padres
y los besos de nuestras hermanas.

Durante la noche,
la luna nos miraba llorando
y nosotros pensábamos
que era lluvia
que nos refrescaba el viaje.

Las olas conseguían seducir
a mis compañeros y los entregaba
a las sirenas que desparecían en sus brazos.

Al final fuimos cuatro
los afortunados que alcanzamos la orilla,
echamos de menos a los dieciséis
que tuvieron la fortuna
de ir con las sirenas del mar,
y los tres que se alojaron en el desierto.

Cuando llegamos,
besamos la tierra que nos acogió,
fuimos recibidos
por unos hombres de negro
con fuegos artificiales
como señal de bienvenida.

Y cuando quitamos
la cera de los oídos
escuchamos las sirenas de la tierra.

Perdón

Le pido permiso a la poesía
para tejer mis versos.

Le pido perdón a la retórica
por si le he faltado al respeto.

Me escondo detrás del roble
más grande del parque
cuando veo pasar
a Sabina, Lorca, Drwich y Wislawa
por si los ofende mi presencia.

ÍNDICE

Este libro se terminó de editar en Granada
en febrero de 2024 por

Aliarediciones

www.aliarediciones.es
info@aliarediciones.es